Überlebensschule

Das ABENTEUER-
Handbuch

für junge Forscher!

von Leonardo

Das ABENTEUER-Handbuch für junge Forscher

ABENTEUER sind etwas Fantastisches! Eine Schutzhütte im Wald bauen, angeln, auf den Angriff wilder Tiere reagieren, sich vor einer Lawine schützen, sich an den Sternen orientieren, Tierspuren erkennen ... Hier findet ihr Tipps für alle abenteuerlichen Situationen, die euch helfen, das Beste aus dem zu machen, was die Natur zu bieten hat.

POST SERVICE

Geht auf die Reise!

WICHTIG: Achtet auf dieses SYMBOL!
Bittet immer einen Erwachsenen um seine Unterstützung,
wenn ihr ein Abenteuer beginnt, besonders wenn ihr im
Handbuch dieses Symbol seht.

Erforscht die Welt
um euch herum mit
Respekt und jeder
Menge Neugier!

MORSEALPHABET

Das Morsealphabet wurde 1835 von Samuel Morse erfunden und zwei Jahre danach von seinem Mitarbeiter Alfred Vail erweitert.
Mit dem Morsealphabet könnt ihr mithilfe von Geräusch- oder Lichtsignalen Buchstaben, Zahlen und sogar Satzzeichen senden.

Samuel F. B. Morse (1791–1872), der Erfinder des Telegrafen.

↗ DIE 5 ZEICHENARTEN

Beim Morsen gibt es fünf Zeichen: **Punkt, Strich, die kurze Pause** (zwischen Buchstaben), **die mittlere Pause** (zwischen Wörtern) und **die lange Pause** (zwischen Sätzen).
Der Punkt ist ein kurzes Zeichen. Der Strich dauert länger, so lange wie drei Punkte.
Auch wenn es nur noch selten benutzt wird, kann es sinnvoll sein, eine Tabelle mit dem Morsealphabet bei sich zu haben oder einige Hilfe-Signale zu lernen, wie z.B. SOS (·· — ··).
Ihr könnt mit dem Morsealphabet auch Geheimbotschaften schicken!

↗ DAS SENDEN DER ZEICHEN

Morsezeichen können auf verschiedene Arten gesendet werden:
durch Klänge: Trillerpfeife, Trommel, Jagdhorn;
durch Lichtsignale: Taschenlampe, Laterne, Spiegel (mit Sonnenstrahlen), Flamme;
durch elektrische Signale: Telegraf;
durch optische Signale: Rauch oder Fahnen.

Telegraf zum Morsen

Morseapparat

 SPEZIELLE ZEICHEN

Es gibt auch besondere Zeichen, die anzeigen, dass eine Botschaft zu Ende ist, dass man zu senden beginnt, für „verstanden" und sogar für einen Übertragungsfehler.

Morsezeichen

Hier ein Beispiel für eine gemorste Botschaft:

-···	·-··	·-	··-	···	--	·	·	·-·
B	L	A	U	E	S	(Pause) M	E	E R

A ·—	M ——	Y —·——	6 —····
B —···	N —·	Z ——··	7 ——···
C —·—·	O ———	Ä ·—·—	8 ———··
D —··	P ·——·	Ö ———·	9 ————·
E ·	Q ——·—	Ü ··——	. ·—·—·—
F ··—·	R ·—·	Ch ————	, ——··——
G ——·	S ···	0 —————	? ··——··
H ····	T —	1 ·————	! —·—·——
I ··	U ··—	2 ··———	: ———···
J ·———	V ···—	3 ···——	" ·—··—·
K —·—	W ·——	4 ····—	' ·————·
L ·—··	X —··—	5 ·····	= —···—

 So merkt ihr euch das Morsealphabet

Eine Methode, sich die Morsezeichen zu merken, ist die, jeden Buchstaben im Alphabet mit einem Wort zu verknüpfen, dieses Wort dann in Silben zu teilen und Silben, die den Buchstaben O enthalten, mit einem Bindestrich und die anderen mit einem Punkt zu verknüpfen. So ist z. B. der Buchstabe M (——) dem Wort Mo (—) tor (—) zugeordnet.

EINE KARTE LESEN

Um eine Karte lesen zu können, muss man sie zuerst richtig halten. Dabei geht man von der Annahme aus, dass Norden oben ist. Meist wird der Norden durch die Zeichnung eines Kompasses auf der Karte angegeben.

WELT-
Karte

✖ So geht's

Wenn du die Karte richtig herum gedreht hast, musst du als Erstes erkennen, welchen Maßstab deine Karte hat. Hat die Karte zum Beispiel einen Maßstab von 1:25 000, dann bedeutet das, dass eine Strecke von einem Zentimeter auf der Karte 25 000 Zentimetern in der Wirklichkeit entspricht, also 250 Metern. Den Maßstab einer Karte zu verstehen, ist wichtig, um eure eigene Position zu finden, den Abstand zwischen euch und eurem Ziel abzulesen und um abzuschätzen, wie lange ihr für diese Strecke braucht.

ETWAS GANZ WICHTIGES auf einer Karte ist die Erklärung der Symbole (Legende), die euch zeigen, ob in eurer Nähe Straßen (Linien unterschiedlicher Länge und Farbe, je nach ihrer Größe), Städte oder Dörfer (gelb oder rosa), Wasserläufe oder Seen (blau gefärbt), Grünzonen oder Berge (ihre Farben reichen von Hellgrün bis zu Braun, je nach ihrer Höhe) sind.

KARTE mit LEGENDE

ZUERST müsst ihr euren Startpunkt markieren, um mithilfe einer Karte von einem Ort zum anderen zu gelangen. Macht das so genau wie möglich. Wählt einen oder mehrere Bezugspunkte in eurer Umgebung aus (Wasserläufe, Städte oder Dörfer, Ausgrabungsorte und Ähnliches), und sucht diese auf der Karte. Nun könnt ihr euren Standort im Verhältnis zu diesen Bezugspunkten markieren und zu eurem Ziel aufbrechen, indem ihr euch im Gelände mit einem Kompass oder nach der Sonne orientiert.

UNTERWEGS solltet ihr euch immer wieder mit einem Blick auf die Karte vergewissern, dass ihr euch nicht verlaufen habt. Falls ihr aus Versehen vom geplanten Weg abgekommen seid, bleibt ganz ruhig und sucht auf der Karte Bezugspunkte für euren neuen Standort. Im schlimmsten Fall hilft euch die Karte, die nächste asphaltierte Straße oder den nächsten Ort zu finden, wo ihr um Hilfe bitten oder übernachten könnt.

NOCH EIN RAT zum Kartenlesen: Sucht immer nach klaren und möglichst einmaligen Bezugspunkten.

Andernfalls lauft ihr Gefahr, euch zu verzetteln und nicht mehr zu wissen, wo ihr eigentlich seid.

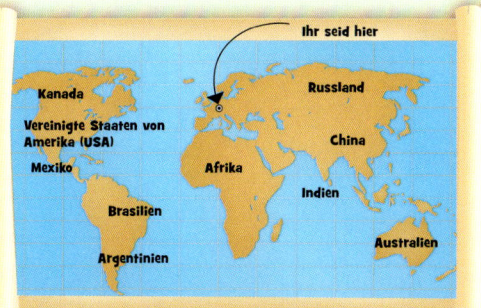

Ihr seid hier

Kanada

Vereinigte Staaten von Amerika (USA)

Mexiko

Brasilien

Argentinien

Russland

China

Afrika

Indien

Australien

EINE ANGELRUTE BAUEN

Es ist heutzutage wirklich einfach, sich eine Angelrute zu besorgen: Man findet alle Arten und das nicht nur in Spezialgeschäften, sondern auch in großen Supermärkten, gemeinsam mit der gesamten Anglerausrüstung wie Haken, Schwimmer, Schnur und Leinen. Doch es macht viel mehr Spaß, sich selbst eine Angel zu bauen aus Material, das ihr in der Natur findet, wie z. B. ein Stöckchen oder ein Bambusstab. Stellt euer Talent auf die Probe!

Diese Anleitung erklärt, wie es einfach und schnell geht.

Baut alles zusammen und denkt daran: Die Eile ist die schlimmste Feindin des Anglers und die Geduld ist seine beste Freundin!

WAS IHR BRAUCHT,
um eine Angel zu bauen

- Angelschnur aus Nylon
- Angelhaken
- Messer
- Bambusrohr
- Pfirsichkern
- Vogelfeder

1 Zuerst braucht ihr ein Stück Holz für die Angel. Das Holz muss elastisch, leicht und stabil sein. Bambus ist ideal. Tatsächlich sind viele der Angeln, die heutzutage angeboten werden und nicht aus Plastik bestehen, aus Bambus hergestellt, da dieser die Zugkraft am besten aushält. Falls ihr keinen Bambus findet, könnt ihr jedes Holz nehmen. Achtet darauf, dass es nicht zu schwer und breit ist. Sonst wird es nicht nur mühsam, es lange zu halten, sondern sein Schatten auf dem Wasser vertreibt auch die Fische.

2

✎ **Als Nächstes besorgt ihr euch eine Angelleine und einen Haken.** Die Leine sollte transparent sein. Ideal wäre ein Nylonfaden. Der Haken muss aus Stahl, spitz und stabil sein. Wenn ihr alles beisammen habt, müsst ihr die Teile zusammenbauen.

Verschiedene Arten von SCHWIMMERN

3

✎ **Knotet die Leine ans Ende der Angelrute.** Dieser Schritt ist besonders wichtig, da er verhindert, dass sich der Faden im entscheidenden Moment löst und eure Beute flüchtet. Um den Faden zu befestigen, schneidet rund um das Ende der Rute eine Rille ein. Dann schneidet ihr in die Spitze eine Kerbe von einigen Millimetern Länge, klemmt den Faden hinein und befestigt ihn sicher am Rest der Angelrute.

4

✎ **Am Ende der Leine befestigt ihr den Haken.** Fische werden nicht nur von Futter angelockt, sondern von allem, was sich bewegt. Eine Vogelfeder am Haken hat die gleiche Funktion wie ein essbarer Köder. Dann befestigt ihr einen Schwimmer an der Leine, der sie unter Wasser hängen lässt und euch zeigt, wenn etwas anbeißt. Das kann ein Stück Holz, ein Pfirsichkern oder eine hölzerne, leere Nähgarnrolle sein.

Verschiedene Arten von HAKEN

HAKEN mit SCHWIMMERN

FISCHER-NETZ

11

ORIENTIERUNG

Ein junger Forscher muss in der Lage sein, den Wald zu „lesen": **Die kleinste Spur am Boden, ein besonderer Baum oder ein eigenartig geformter Fels sind wie kleine Hinweisschilder, die euch bei der Orientierung helfen und verhindern, dass ihr vom richtigen Weg abkommt.** Seid jedoch immer vorsichtig, denn der Wald kann voller Gefahren sein, und es ist leicht, sich darin zu verlaufen.

Daher ist es nötig, einige Grundregeln zu kennen.

1 BEOBACHTET GENAU

Wenn ihr an einem unbekannten Ort seid, **beobachtet aufmerksam alles um euch herum und versucht, euch einige Besonderheiten zu merken –** einen alten Baum, ein Bachbett, einen besonders geformten Stein, einen abgebrochenen Ast, ein geschottertes oder ausgewaschenes Wegstück ... Bei einer Weggabelung merkt ihr euch, welche Richtung ihr gewählt habt, indem ihr sie mit einem Häufchen kleiner Steine oder trockener Zweige markiert oder einen Stock in den Boden steckt, als Zeichen, dass ihr hier bereits entlanggegangen seid.

ERKENNT DIE HIMMELSRICHTUNGEN

2

Lernt zu erkennen, in welche Richtung ihr geht. Auch wenn ihr keinen Kompass habt, solltet ihr wissen, wo **Norden**, **Osten**, **Süden** und **Westen** sind. Wenn ihr von eurem Startpunkt aus nordwärts gegangen seid, ist ziemlich klar, dass ihr auf dem Rückweg nach Süden gehen müsst. Ebenso klar ist Folgendes: Wenn ihr nach Norden schaut, ist der Osten immer rechts von euch, der Westen links von euch und der Süden hinter euch.

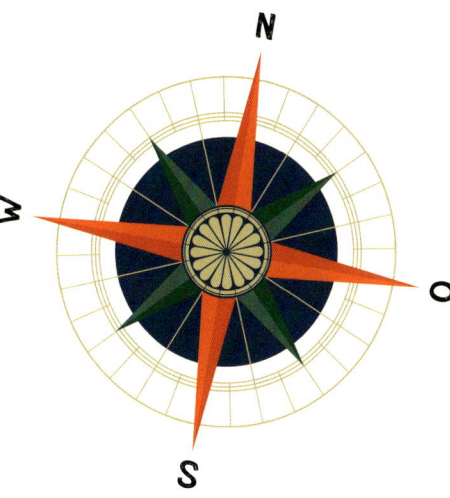

DIE SONNE

3

Wenn ihr keinen Kompass habt, werdet ihr euch fragen, in welche Himmelsrichtung ihr gerade geht. Eine Faustregel, bei der man auch die aktuelle Jahreszeit einbeziehen muss, ergibt sich aus der Beobachtung der Stellung der Sonne.

Die Sonne geht im Osten auf und im Westen unter. Wenn ihr also wisst, wie spät es ist, könnt ihr eure Richtung vom Sonnenstand herleiten.

Um 6 Uhr ist die Sonne im Osten, um 9 Uhr ist sie im Südosten,

um 12 Uhr steht sie im Süden, um 15 Uhr ist sie im Südosten, um 18 Uhr ist sie im Westen.

WEITER ...

4. BEI BEDECKTEM HIMMEL, OHNE SONNENSCHEIN

Im Wald findet ihr recht leicht den Norden. Wie immer, müsst ihr nur eure Umgebung genau beobachten. **Den Norden findet ihr, indem ihr darauf achtet, auf welcher Seite der Bäume das Moos wächst.** Moos vermeidet direktes Sonnenlicht, und da der Bogen, den die Sonne am Himmel beschreibt, über den Süden verläuft, liegt die Nordseite der Bäume die meiste Zeit im Schatten.

Moos

5. NACHTS ...

Wenn die Nacht klar ist und man die Sterne sieht, könnt ihr den Polarstern suchen. **Der Polarstern ist nicht sehr hell. Er gehört zum Kleinen Wagen. Seine Besonderheit liegt darin, dass er immer im NORDEN steht.** Um ihn zu finden, orientiert ihr euch wie folgt: Sucht das Sternbild der Kassiopeia. Das sind fünf recht helle Sterne, die auf einer Zickzacklinie liegen. Verbindet man sie, bilden sie ein großes W.

Kassiopeia

Das Sternbild der Kassiopeia ist leicht zu erkennen und außerdem zu jeder Jahreszeit am Himmel sichtbar.

KASSIOPEIA

Schaut nun nach links und sucht in der Nähe das Sternbild des **Großen Wagens** (auch Große Bärin, Ursa major). Es sind sieben sehr helle Sterne (und ein kleiner Stern), die einen Wagen mit gebogener Deichsel bilden.

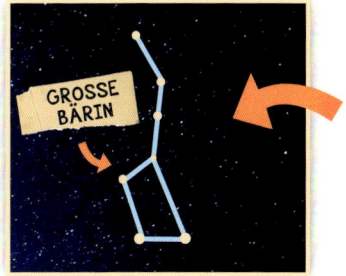

GROSSE BÄRIN

Großer Wagen
Dieses Sternbild ist viel größer als Kassiopeia.

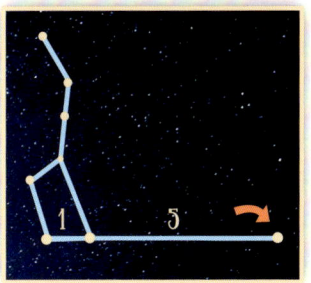

Nun müsst ihr euch nur noch eine Linie zwischen den beiden untersten Sternen des Großen Wagens denken, diese fünfmal nach rechts verlängern, und ihr trefft auf einen einzelnen Stern, etwa so hell wie die anderen beiden. Das ist der Polarstern.

Der **Polarstern** ist der hellste der sieben Sterne des Sternbildes der Kleinen Bärin (Ursa minor, auch der Kleine Wagen), das zwischen dem Großen Wagen und der Kassiopeia liegt.

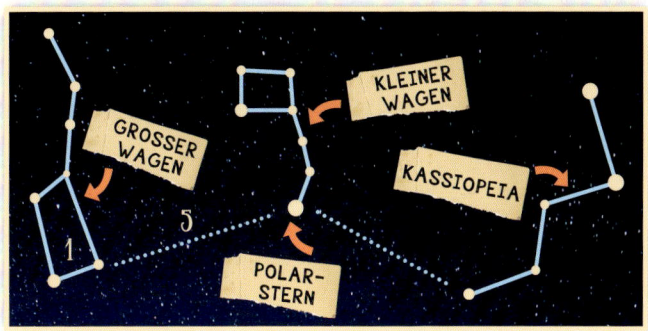

KLEINER WAGEN

GROSSER WAGEN

KASSIOPEIA

POLAR-STERN

Wenn ihr den Polarstern gefunden habt, wisst ihr auch, wo Norden ist.

Einen KOMPASS BAUEN

Unser Planet wirkt wie ein riesiger Magnet, der ein Magnetfeld erzeugt, das die Erde vor Strahlung aus dem All schützt.

Magnetische Metalle richten sich nach dem Erdmagnetfeld aus und diesen Effekt kann man nutzen, um mit einfachen Mitteln einen kleinen Kompass zu bauen, der euch die Nord-Süd-Richtung anzeigt, zum Beispiel in einem Wald oder beim Camping.

Ihr braucht:

- ☑ Eine Nähnadel
- ☑ Einen Korken
- ☑ Einen Magneten
- ☑ Eine Wasserschüssel

So geht's:

1 Schneidet vom Korken eine dünne Scheibe ab (oder bittet einen Erwachsenen, das vorsichtig zu machen). Wenn ihr keinen Korken habt, nehmt ein anderes schwimmendes Material, wie ein Stück Styropor oder auch ein Stück Karton.

2 Darauf zeichnet ihr die Windrose mit den vier Himmelsrichtungen.

3

Magnetisiert die Nadel mit dem Magneten (reibt die Spitze etwa 50-mal über den Magneten, immer in dieselbe Richtung, nicht vorwärts und rückwärts). Das müsst ihr jedes Mal wiederholen, wenn ihr euren Kompass benutzen wollt.

4

Steckt die Nadel der Länge nach durch eure Korkscheibe. Stecht beim markierten „S" für Süden ein und lasst sie beim „N" für Norden herauskommen. Die beiden freien Nadelenden sollten etwa gleich lang sein.

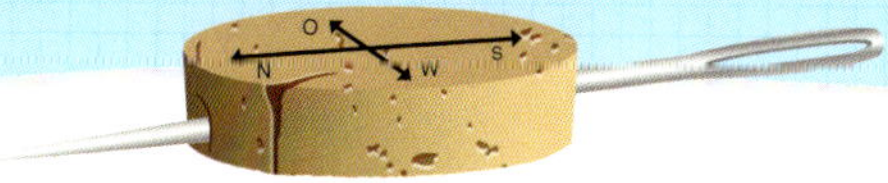

5

Füllt die Schüssel mit Wasser, stellt sie hin und legt die Korkscheibe mit der Nadel hinein. Die Nadel wird sich von selbst nach dem Erdmagnetfeld ausrichten und nach Norden zeigen.

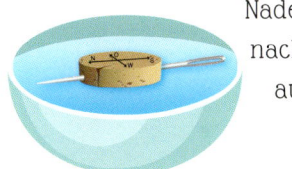

WIE IHR EUCH IM WALD NICHT VERLAUFT

Wenn ihr mit Freunden im Wald spazieren gehen wollt, findet ihr hier einige Tipps, wie ihr euch nicht verlauft und auch eure Freunde wiederfindet.

Es kann vorkommen, dass ihr den Weg verlasst oder nicht zusammen bleibt. Doch wenn ihr euren Weg sorgfältig markiert, ist die Gefahr, sich zu verlaufen, gleich null! In einem Wald gibt es meist keinen Mangel an Zweigen – und damit könnt ihr anzeigen, wo ihr gegangen seid. Legt an einen großen Stein Zweige, die eure Richtung angeben. Bindet zusätzlich ein Taschentuch um einen Zweig an einem Baum, als Hinweis auf euer Zeichen. Geht dann weiter und hinterlasst nach zehn Minuten ein weiteres Zeichen.

Ihr braucht:

ZWEIGE

BUNTE TASCHENTÜCHER

STEINE

18

Um Freunden, die zurück-geblieben sind, zu helfen, könnt ihr außer diesen Zeichen am Boden auch hängende Zeichen verwenden. Bindet etwa in Augenhöhe einen Zweig an einen Baum. Lasst auf einer Seite einige Blätter daran, die die Richtung anzeigen, oder knotet ein buntes Band an einen Zweig, der zu dem Weg zeigt, den sie nehmen sollen.

So geht's:

Die Zeichen am Boden setzt ihr an gut sichtbaren Stellen. Es ist sinnvoll, sie durch ein hängendes Zeichen zu ergänzen (wie etwa ein Taschentuch an einem Zweig).

1. Pfeil nach vorn = hier entlang

2. X = zehn Minuten Pause

3. Quadrat mit Pfeil nach vorn = Wir sind hier in der Nähe

4. Kreis um einen Stein = Ausgangspunkt

5. Horizontal platzierter Stock mit X an einem Ende = Halt, geht zurück!

6. Horizontal platzierter Stock mit Doppelpfeil = Abkürzung

7. Pfeil nach vorn mit vertikalem Stock dahinter = weiter gradeaus, alles o. k.

8. Pfeil nach vorn mit Stock daneben = Achtet auf den Ausblick: einfach toll!

WAS SCHWIMMT OBEN?

Ob ein Körper schwimmt oder nicht, hängt von seiner Dichte ab, die von dem Verhältnis zwischen seiner Ausdehnung und seinem Gewicht bestimmt wird. Ist die Dichte eines Körpers größer als die der Flüssigkeit, in der er schwimmen soll, wird er untergehen; ist sie kleiner, wird er schwimmen.

In einem Wassergefäß wird daher ein Eisenzylinder untergehen, während ein Zylinder der gleichen Größe und Form, aber aus Holz, schwimmen wird; denn Holz ist weniger dicht als Eisen. **Doch habt ihr euch schon einmal gefragt, wieso sehr schwere Riesenschiffe aus Eisen überhaupt schwimmen?**

DER MENSCHLICHE KÖRPER SCHWIMMT, DA ER LEICHTER IST ALS WASSER.

PROBIERT ES AUS! →

Das Experiment mit dem Schiff

TON UND ALUFOLIE

GEGENSTÄNDE AUS VERSCHIEDENEN MATERIALIEN

EINE WANNE VOLL WASSER

Füllt die Wanne mit Wasser und gebt die Gegenstände hinein. Schaut, welche schwimmen und welche nicht.

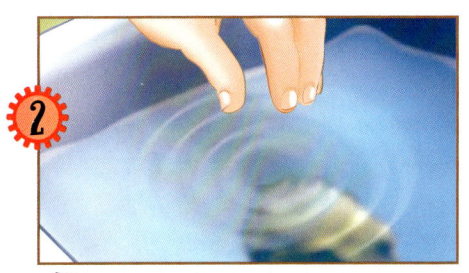

Nun versucht es mit einem anderen Material, dem Ton: Macht daraus eine Kugel und schaut zu, wie sie sinkt.

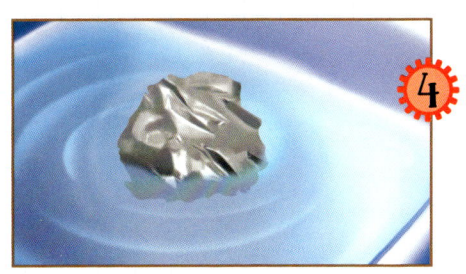

Modelliert nun aus dem Ton ein Boot und setzt es ins Wasser ... und ihr werdet sehen, es schwimmt!

Macht dasselbe mit Alufolie, und ihr werdet feststellen, dass genau dasselbe passiert. Aber wieso?

Was ist passiert?

Wenn ein Schiff aus schwerem Material wie zum Beispiel Eisen gebaut wird, ist in Wirklichkeit der größte Teil davon – in dem Moment, in dem es ins Wasser kommt – voller Luft. Wasser ist verglichen damit dichter, und deshalb schwimmt das Schiff.

Das passende ZELT für euch

Wenn ihr campen wollt, findet ihr hier einige nützliche Hinweise für den Zeltkauf.

SO GEHT'S

1 ES GIBT MEHRERE ARTEN VON CAMPINGZELTEN: **Kuppel-** und **Tunnelzelte**, leicht aufzubauen und mit viel Platz; **Einmannzelte**, das sind die kleinen, die man meist zum Camping mitnimmt, und das **Hauszelt**, ideal für längere Campingreisen mit der gesamten Familie, unterteilt in einen Wohn- und einen Schlafbereich. Es dauert eine Weile, es aufzubauen, bietet aber optimale Bequemlichkeit.

2 MATERIALIEN: Um Unfällen vorzubeugen, sollten die Materialien feuerbeständig, wasserdicht und praktisch sein. Die Wände sind in der Regel aus Polyester, die Zeltstangen aus Aluminium, der Boden aus Polyethylen oder Nylon. Die Heringe müssen stabil und die Nähte versteckt sein, damit kein Wasser eindringen kann. Das Innenzelt kann aus Nylon sein, das weniger luftdurchlässig ist, oder aus luftdurchlässigerem Baumwoll-Polyester-Gewebe, das aber länger zum Trocknen braucht, falls es nass wird.

EINMANNZELT

TUNNELZELT

KUPPELZELT

HAUSZELT

3 ACHTET AUF DAS GEWICHT! Wenn ihr das Zelt nur fürs Wochenende braucht, wählt ein leichtes, rasch aufzubauendes Zelt und kauft einen praktischen Transportsack dazu. Verbringt ihr aber eine ganze Woche mit der ganzen Familie beim Camping, dann kauft ein bequemes Hauszelt, das groß genug ist, oder ein Modell mit Veranda, das mehr Platz im Freien zur Aufbewahrung eurer Sachen bietet.

4 WICHTIG: ACHTET AUF DIE ZAHL DER PLÄTZE, DIE IHR BRAUCHT. Kauft das Zelt lieber etwas zu groß. Manchmal entsprechen die realen Maße nicht dem, was ihr erwartet habt, und außerdem ermöglicht zusätzlicher Platz im Inneren des Zeltes die Aufbewahrung von Sachen unter dem trocknen Dach.

5 UND ZUM SCHLUSS: Achtet auf die Zahl der Planen, aus denen das Zelt besteht. Zelte mit einer Plane sind ideal für den Sommer, weil sie luftdurchlässiger sind, die mit Außen- und Innenplane isolieren besser und sind ideal für kaltes und regnerisches Klima.

23

PFLANZEN

Die Natur bietet viele interessante Ausgangspunkte für Experimente, die euch dabei helfen zu verstehen, welche Mechanismen diese wunderbare und komplexe Welt regeln.

Samen keimen lassen

✏ Lernt, was Samen brauchen, um sich in schöne Pflanzen verwandeln zu können, mit vielen Blättern und Blüten. Nehmt Bohnen, Linsen und andere Gemüsesorten oder die Samen eures Lieblingsobstes.

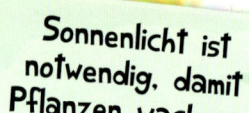

Sonnenlicht ist notwendig, damit Pflanzen wachsen.

PROBIERT ES AUS!

✏ Ihr braucht:

SAMEN

VERGRÖSSERUNGS-GLAS

WASSER

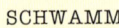

SCHWAMM

BLUMENUNTER-SETZER

1

✏ Legt den Schwamm in den Untersetzer mit so viel Wasser, dass er feucht wird, ohne ihn unterzutauchen.

☞ Streut einige Samen auf den Schwamm und drückt sie vorsichtig ein wenig an.

☞ Stellt den Untersetzer an einen sonnigen Platz: auf den Balkon, ein Fensterbrett oder in den Garten.

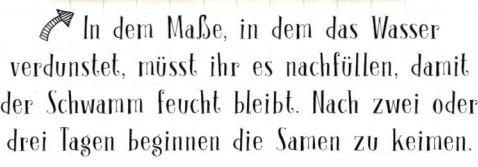

☞ In dem Maße, in dem das Wasser verdunstet, müsst ihr es nachfüllen, damit der Schwamm feucht bleibt. Nach zwei oder drei Tagen beginnen die Samen zu keimen.

☞ Was ist passiert?

Mit dem Vergrößerungsglas könnt ihr beobachten, was passiert: Das Wasser weicht die Schale der Samen auf. Sie werden größer und öffnen sich in sechs oder sieben Tagen. In dieser Phase brauchen die Samen zum Wachsen nur Wasser und Luft. Wenn sie gekeimt sind, nehmt ihr sie vorsichtig vom Schwamm und setzt sie in Anzuchterde. So könnt ihr zuschauen, wie aus euren Keimlingen Pflanzen werden.

AUSRÜSTUNG
zum CAMPING

Das Zelten ist eine einzigartige Erfahrung, um sich zu erholen und in engeren Kontakt mit der Natur zu treten. Hier findet ihr einige Tipps, was ihr mitnehmen solltet.

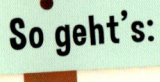

So geht's:

1

Im Gepäck sollte niemals eine Taschenlampe fehlen, um das Zelt abends zu beleuchten. Nehmt eine mit Haken, die man in einigen Zelten sogar innen aufhängen kann.

2

Um euch vor Insekten zu schützen, nehmt einen Mückenschutz und Körperpuder mit. Das Puder streut ihr rings ums Zelt, um die Ameisen fernzuhalten.

3

Zum Schlafen besorgt euch eine Luftmatratze oder Schaumstoffmatte, einen Schlafsack und ein Kissen. Wenn ihr an einem kalten Ort campen wollt, nehmt euch ein paar zusätzliche Decken mit.

OFFENER SCHLAFSACK

EINGEROLLTER SCHLAFSACK

4 Beim Camping ist es wichtig, Nahrung mitzunehmen oder sie bei der Ankunft zu kaufen. Wenn ihr keinen Kühlschrank dabei habt, kauft Essen in Dosen und langlebige Nahrungsmittel. Ihr braucht auch einen Dosenöffner, einen Topf und eine Pfanne, Teller und Gläser, vielleicht aus Pappe, Besteck, eine Trinkflasche und ein Verlängerungskabel. Unverzichtbar ist auch der Campingkocher zum Zubereiten von Mahlzeiten (und eine Gaskartusche in Reserve) sowie ein Küchenmesser. Sorgt auch für bequeme Sessel und einen Klapptisch: Sie erleichtern nicht nur das Essen, sondern dienen auch als Abstellfläche.

STREICHHÖLZER

BECHER

THERMOS-FLASCHE

CAMPINGKOCHER

KONSERVEN-DOSEN

BESTECK

KOCHTOPF

PFANNE

KLAPPTISCH

KLAPPSTUHL

ERSTE-HILFE-KOFFER

5 Außer den Hygieneartikeln für jeden Tag (Zahnpasta, Zahnbürste, Seife, Handtücher, Toilettenpapier, Sonnencreme etc.) nehmt auch einen Erste-Hilfe-Koffer mit dem Wichtigsten für kleine Wunden mit und eventuell ein paar Medikamente.

6 Nützlich ist auch biologisch abbaubare Flüssigseife zum Waschen von Wäsche und eine Wäscheleine, die ihr an zwei Bäumen befestigen könnt. Besorgt euch auch einen Brustbeutel für Dokumente und Bargeld.

AUF ZUM CAMPING!

Wie baut ihr einen

UNTER-SCHLUPF?

Wenn ihr in einer echten Notlage seid, ist das Wichtigste, sich einen Unterschlupf für die Nacht zu bauen und ein Feuer zu machen.

Den Unterschlupf errichtet ihr an **einem sicheren Platz, auf festem Boden, trocken und möglichst eben;** ideal ist ein etwas höher gelegener Platz, nach Süden offen, zwischen Felsen, die Schutz geben; doch denkt daran, dass Rettungsmannschaften euch leicht finden können müssen.

MEIDET SUMPFIGE ZONEN oder die Nähe eines Sees: Hier könnten viele Insekten sein. Vermeidet auch Bachläufe, die bei Regen sehr gefährlich werden können. Ideal wäre es, einen Schutz in erhöhter Lage zu bauen.

Ehe ihr mit dem Bau eines Unterschlupfs beginnt, prüft, ob es keine Höhlen oder Ähnliches gibt, die als Schutz dienen könnten, aber nicht bereits bewohnt sind ... z. B. von einem Bären!

1 Bindet zwei gleich lange Stangen in der Form eines umgekehrten V zusammen (dies wird der Eingang zum Unterschlupf), befestigt sie gut im Boden und legt dann eine ca. 2 Meter lange Stange darüber (die Länge hängt von eurer Größe ab), deren anderes Ende am Boden aufliegt. Verstärkt das Ganze nun, indem ihr an diese lange Mittelstange von beiden Seiten weitere Stangen mit Schnüren oder Lianen bindet, deren untere Enden ihr fest in die Erde rammt.

2 Bedeckt dieses Gerüst nun mit dünneren Zweigen und mit Laub, um es nach außen gut zu isolieren.

3 Vermeidet es, direkt auf dem Boden zu schlafen. Ideal wäre es, ihr würdet aus Zweigen und trockenem Laub ein Lager bauen, das etwa 20 Zentimeter hoch ist.

In kalten Gegenden **muss der Unterschlupf klein sein,** damit keine Wärme aus dem Inneren verloren geht.

Haltet das Feuer dicht bei euch am Brennen, um euch zu wärmen und um Tiere und Insekten fernzuhalten.

FEUER MACHEN

Wenn ihr ein Feuer macht, müsst ihr sehr vorsichtig sein und unbedingt alle Sicherheitsmaßnahmen beachten: Wenn ihr den Ort ausgewählt habt, reinigt ihr den Boden im Umkreis von etwa einem Meter von allem Laub und Gestrüpp.

Gießt oder spritzt NIEMALS Benzin in Flammen oder auf die Holzkohle und lasst NIE ein Feuer unbeaufsichtigt!

2 Ihr könnt das Feuer mit dem Vergrößerungsglas anzünden. Konzentriert die Sonnenstrahlen auf das Zündmaterial, bis es zu glimmen beginnt. Blast ganz vorsichtig hinein und fügt trockene Zweiglein hinzu.

1 Zuallererst sammelt ihr all das Holz, von dem ihr glaubt, dass ihr es brauchen könnt. Es muss trocken sein und harzfrei, damit es gut brennt und wenig Rauch erzeugt. Zum Entzünden des Feuers braucht ihr Zündmaterial: Zunderschwamm, trockene Rinde, feine Zweiglein, trockenes Laub, Vogelfedern. Darüber schichtet ihr dicht nebeneinander ganz kleine, trockene Hölzchen. Fügt dann pyramidenartig immer stärkere Holzstücke dazu.

3 Ihr könnt das Feuer auch mit einem Bogen aus elastischem Holz anzünden: Zwischen seinen Enden spannt ihr eine Schnur, die ihr um ein etwa 30 cm langes Stück Holz wickelt, das als Bohrer dient, mit einem Stück Hartholz oder einem hohlen Stein als Griff. Dreht den Bohrer mit dem Bogen auf einer mindestens 1 cm dicken Holzplatte in einem Loch, das 1 cm vom Rand entfernt ist. In dessen unteres Ende schneidet ihr einen Tunnel in umgekehrter V-Form, wo sich der Bohrstaub sammelt. In diesem schwarzen Staub wird sich der Funke für das Zündmaterial bilden.

4 Alternativ zum Bogen könnt ihr auch einen Handbohrer verwenden. Mit einem scharfen Messer glättet ihr ein rundes Holzstück, das als Bohrer dient. Seine Spitze muss sehr scharf sein. Mit gleichmäßigem Druck dreht ihr den Bohrer in der Führung auf der Unterlage hin und her, bis eine kleine Flamme entsteht. Dann legt ihr das Zündmaterial an diese Flamme.

5 Ihr könnt auch einen Flintstein ans Zündmaterial legen. Wenn ihr darauf schlagt, fliegen Funken auf den Zunder.

FLINTSTEIN

6 Ihr könnt euer Feuer mit einem Kreis mittelgroßer Steine begrenzen. Achtet darauf, dass diese trocken und nicht porös sind ... neben dem Feuer könnten sie sonst buchstäblich „explodieren"!

ZUM LÖSCHEN DES FEUERS nehmt ihr Sand oder Wasser. Es ist sehr wichtig, dass ihr euch überzeugt, dass das Feuer komplett gelöscht ist, bevor ihr geht. Auch die Holzkohle!

HERBARIUM

Ein Herbarium ist eine Sammlung getrockneter Pflanzen. Hier erfahrt ihr Schritt für Schritt, wie ihr ein echtes Herbarium anlegen könnt.

Ihr braucht:

- Pflanzen · Karton
- Zeitungen · Kleber
- Pinsel · Mottenkugeln

1 Geht auf eine Wiese und sucht euch eine Pflanze aus, die euch besonders gut gefällt. Zum Pflücken nehmt ein Messer oder eine Schere. Steckt die Pflanze dann vorsichtig in eine Plastiktüte, ohne sie zu beschädigen. Zu Hause nehmt ihr sie aus dem Beutel und legt sie auf mehrere Lagen Zeitungspapier. Die beste Zeit zum Sammeln von Pflanzen ist die späte Blütezeit. Wenn das nicht möglich ist, könnt ihr auch mehrere Pflanzen zu verschiedenen Zeiten pflücken.

2 Legt drei Lagen Zeitungspapier auf die Pflanze und darauf Karton oder ein Brett. Dann legt ihr noch vier oder fünf schwere Bücher auf den Stapel. Nach ein paar Stunden nehmt ihr die Bücher und die ganze Abdeckung herunter. Arrangiert die Pflanze so, dass sie natürlich wirkt, deckt sie wieder zu und legt noch zwei oder drei weitere Bücher darauf. Beachtet, dass Süßgräser drei Tage zum Trocknen brauchen.

3 Während dieser Zeit müsst ihr das Gewicht erhöhen, bis am Schluss etwa 10 Bücher auf der Pflanze liegen. Das Trocknen ist abgeschlossen, sobald die Pflanze steif ist und sich nicht mehr kalt anfühlt. Nun könnt ihr sie vorsichtig abheben und auf ein Blatt weißen Karton kleben. Verwendet Vinylkleber, Holzleim oder Gummi-Arabicum-Kleber und einen kleinen Pinsel. Bewahrt die Bögen in einem geschlossenen Schrank auf, eventuell mit Mottenkugeln. So schützt ihr die Pflanzen vor Insektenfraß. Eine andere Art, Parasiten zu töten, ist, die Herbariumblätter 48 Stunden lang einer Temperatur von 15 °C bis 20 °C auszusetzen, ehe ihr sie in den Schrank legt.

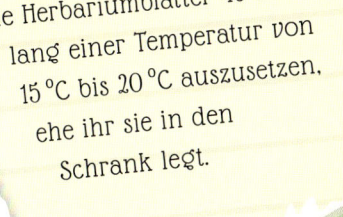

4 Schreibt auf jeden Karton den Fundort, das Sammeldatum und den Namen der Pflanze.

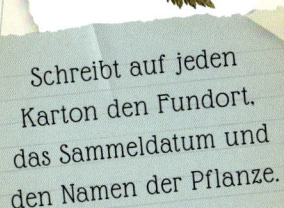

5 Zum Aufbewahren sind Mappen, die man mit einem Band schließt, ideal. Diese bekommt ihr im Schreibwarengeschäft.

Pflanzen, die euch besonders gut gelungen sind, könnt ihr wie Bilder aufhängen. Wenn sie gut getrocknet sind, halten sie sich viele Jahre. Es gibt Herbarien, die über 300 Jahre alt sind!

MÜCKEN:
EINE FALLE AUS
EINER PLASTIKFLASCHE

Mit der Hitze kommen auch die Mücken. Ihr könnt euch vor diesen lästigen kleinen Insekten durch besondere Produkte schützen, aber es ist viel interessanter und vergnüglicher, zu Hause eine natürliche Mückenfalle zu bauen und dabei alte Plastikflaschen zu recyclen!

Ihr braucht:

- 1 Gramm Bierhefe
- 4 Teelöffel Zucker
- 200 ml Wasser
- eine 2-Liter-Plastikflasche
- schwarzen Karton
- Klebeband
- 1 Gefäß zum Erhitzen des Wassers
- eine Schere

So geht's:

1

Schneidet von der Plastikflasche den oberen Teil ganz gerade ab. Schneidet etwa einen Zentimeter oberhalb der Stelle, an der sie wieder schmal wird.

2

Erhitzt das Wasser und gebt den Zucker hinein. Rührt etwa 10 Minuten lang um, bis sich der Zucker gelöst hat. Lasst das Zuckerwasser abkühlen und gießt es dann in den unteren Teil der Flasche.

3

Fügt die Hefe hinzu, jedoch ohne umzurühren, damit die chemische Reaktion länger anhält. So entsteht Kohlendioxid (CO_2) in kleinen Mengen, was die Mücken anzieht. Steckt nun den oberen Teil der Flasche umgekehrt in den unteren, wie einen Filter.

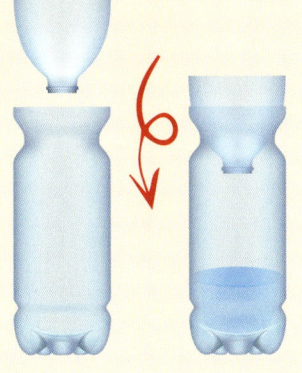

KLEBEBAND

4

Versiegelt den oberen Rand der Flasche mit Klebeband, damit das CO_2 sich nur in deren Mitte sammeln kann.

5

Verpackt die ganze Flasche in schwarzen Karton. Doch Vorsicht, oben muss sie offen bleiben. Stellt die Falle in eine dunkle und möglichst feuchte Ecke.

Entfernt nach etwa zwei Wochen den Karton, um das Ergebnis zu sehen. Um die gefangenen Mücken zu beseitigen, müsst ihr den „Trichter" lösen. Leert die Flasche aus und füllt sie dann wieder mit den gleichen Zutaten, um eine neue Falle zu bauen.

SCHNÜRE UND KNOTEN

Bei euren Abenteuern braucht ihr oft Schnüre. Und damit sie halten, müsst ihr sie richtig verknoten.

Es gibt Tausende Knoten. Die wichtigsten solltet ihr kennen: Prusik-Knoten, Palstek (die Rettungsschlinge), Schmetterlingsknoten, Kreuzknoten und Slipstek (laufende Schlinge).

SCHMETTERLINGSKNOTEN

Dieser Knoten ist nützlich, wenn **ihr an irgendeinem Punkt des Seils eine feste Schlinge braucht.** Er ist leicht zu binden und auch leicht unter Zug zu lösen.

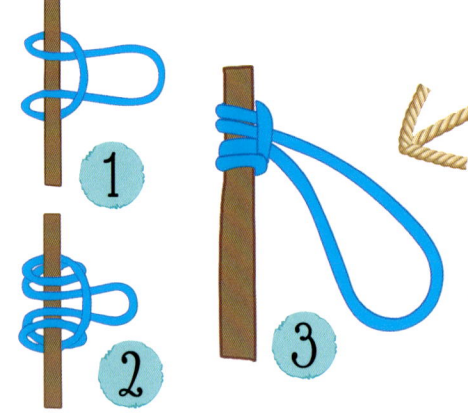

1

2

3

PRUSIK-KNOTEN

Dies ist ein genialer Klemmknoten, eine Schlinge, die entlang eines Seiles oder einer Stange verschoben werden kann, sich bei Zug schließt und bei Entlastung wieder lockert.

PALSTEK

Die Rettungsschlinge ist fest, zugstabil und sicher. Um zu lernen, wie man den Palstek bindet, gibt es einen Merksatz, den ihr versteht, wenn ihr den Knoten genau anschaut:

Die Schlange kommt aus dem See, geht um den Baum und verschwindet wieder im See.

KREUZ-KNOTEN

Dieser Knoten ist eine schnelle Verbindung zweier **Seile;** je fester ihr sie anzieht, desto besser hält er. Zum Lösen zieht man ein Seilende zur Seite.

1  **2**

3

4

1  **2**

3  **4**

SLIPSTEK oder SCHLINGE

Dieser Knoten ist eine bewegliche Schlinge, die sich bei Zug am langen Seilende schließt. **Ihr legt das kurze Seilende erst um den Gegenstand herum, den ihr befestigen wollt, und schlingt es dann einmal um euer Seil.**

TIERE DES WALDES

Im Wald leben viele kleine Tiere, wie Vögel und Nagetiere, aber auch große und gefährliche Raubtiere, wie Bären und Wölfe. Einige davon solltet ihr erkennen!

RÄUBER IN RUDELN

Der Wolf ist ein Raubtier, das in einer Gruppe lebt, die Rudel heißt. Der Anführer eines Rudels ist immer der stärkste männliche Wolf. Wölfe sehen schlecht, ihr Gehör und ihr Geruchssinn sind jedoch ausgezeichnet. Sie jagen hauptsächlich in der Nacht.

WOLFSRUDEL

WOLF

FUCHS

DER ROTFUCHS, EIN SCHLAUER RÄUBER

Der Fuchs ist ein sehr elegantes Tier, vorsichtig und schlau. Auch er jagt nachts und lebt als Einzelgänger, außer in der Paarungszeit.

Der Fuchs ist bekannt für seine Schlauheit und seine Anpassungsfähigkeit. Ihr könnt ihn häufig auch am Rand der Städte beobachten, wo er Futter sucht.

KRÄFTIGE WILDSCHWEINE

Wildschweine sind die Vorfahren unserer Hausschweine. Sie sind stolze Tiere und beschützen tapfer ihre Jungen. Sie sind Allesfresser und drehen bei der Nahrungssuche den Boden mit ihrer starken Schnauze um.

ROTE WALDAMEISE

WILDSCHWEIN

ROTE WALDAMEISEN: FLEISSIGE KÄMPFER

Rote Waldameisen sind klein, aber wichtig für den Wald: Sie fressen viele Insekten, die den Bäumen schaden. Ihre Bauten sind riesig und können bis zu zwei Meter hoch werden.

BRAUNBÄR

EINES DER GRÖSSTEN RAUBTIERE DER ERDE

Der Braunbär ist 1 bis 2,80 m hoch. Seine Schulterhöhe beträgt 90 bis 150 cm, doch wenn er auf den Hinterbeinen steht, in der klassischen Drohhaltung, wird er 2,50 m hoch. Er wiegt zwischen 80 und 600 kg, ist unglaublich stark und zäh und läuft schneller als ein Pferd. Er kann aber auch problemlos auf Bäume klettern.

WEITER ...

DAS STACHELSCHWEIN UND SEINE WAFFEN

STACHEL-
SCHWEIN

Das Stachelschwein ist ein Nagetier. Seine spitzen Stacheln auf dem Rücken schützen es vor den wenigen Raubtieren, die es angreifen. Es frisst Wurzeln und Rinden.

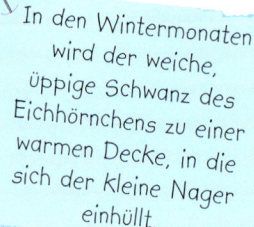

EICHHÖRNCHEN

In den Wintermonaten wird der weiche, üppige Schwanz des Eichhörnchens zu einer warmen Decke, in die sich der kleine Nager einhüllt.

KLEINE AKROBATEN DES WALDES

Das Eichhörnchen turnt auf den Bäumen herum wie kein anderes Tier des Waldes. Es ist lebhaft, lebt allein und frisst Nüsse, Eicheln und Rinde. In Höhlen in Baumstämmen baut es sein Nest, wo es die Kleinen zur Welt bringt, in Sicherheit vor Raubtieren wie dem Luchs.

HIRSCHE: BREITES GEWEIH FÜR DEN ZWEIKAMPF

Das Geweih der Hirsche heißt „Schaufel". Die Geweihe sind typisch für die männlichen Tiere, fallen jedes Jahr ab und wachsen dann größer nach. In der Paarungszeit, also Anfang Herbst, dienen sie zum Zweikampf mit anderen Hirschbullen und sollen außerdem Hirschkühe anlocken.

Hirsche sind sehr elegant und beweglich.

HIRSCHE

DER SCHARFÄUGIGE LUCHS

Luchse erinnern an Katzen, obgleich sie größer sind und einen kurzen Schwanz und typische Haarbüschel an den Spitzen der Ohren besitzen. Sie sehen „wie ein Luchs" und können große Tiere erbeuten.

JUNGER LUCHS

LUCHS

DER SKUNK UND SEINE WAFFEN

Der Skunk ist ein nachtaktives Tier, das sich mit dem Versprühen einer übel riechenden Flüssigkeit vor Feinden schützt.

Der Skunk wird im Sprachgebrauch auch als Stinktier bezeichnet. Gegner schüchtert er meist ein, indem er sich auf die Vorderbeine stellt und den Schwanz in die Luft streckt, um größer zu wirken.

SKUNK

FUSSABDRÜCKE VON TIEREN

Wenn ihr die Welt erforschen wollt, solltet ihr die Spuren erkennen, die die Tiere auf dem Boden hinterlassen ...

JEDER FUSSABDRUCK GEHÖRT EINEM ANDEREN TIER!

KOALA

GECKO

ELEFANT

LAMA

SCHILDKRÖTE

FUCHS

LEGUAN

BÄR

ANTILOPE

KROKODIL

RHINOZEROS

OPOSSUM

FROSCH

AMEISENIGEL

NILPFERD

TIGER

TAPIR

STACHEL-
SCHWEIN

LEOPARD

CHAMÄLEON

PUMA

EIDECHSE

KOJOTE

BIBER

WOLF

LUCHS

BÜFFEL

EICHHÖRNCHEN

EISBÄR

SKUNK

WAS SOLLTET IHR TUN, WENN EUCH EIN KROKODIL ANGREIFT?

Wenn ihr glaubt, ein Krokodil sei dabei, euch anzugreifen, gibt es nur eine Wahl: **DIE FLUCHT!**

Es ist unwahrscheinlich, dass ein Krokodil einen Menschen auf dem Weg einholt. Ihr Lebensraum ist das Wasser. Auf kurzen Strecken sind sie sehr schnell, aber sie werden kaum jemanden verfolgen, schon gar nicht auf trockenem Land: Ihnen fehlt dafür die Ausdauer. Am besten ist es, ihr bleibt von den Gebieten weg, in denen diese Tiere leben, und seid sehr vorsichtig!

WAS SOLLTET IHR TUN, WENN EUCH AUF EINER BERGWANDERUNG EIN BÄR BEGEGNET?

WENN DER BÄR NOCH WEIT WEG IST

Wenn ihr den Bären weiter weg seht, also in mehr als 100 Metern Entfernung, macht kehrt. Wenn ihr unbedingt ein bestimmtes Ziel erreichen müsst, macht einen großen Umweg.

WENN DER BÄR NAHE BEI EUCH IST

Bleibt ruhig. Erschreckt den Bären nicht durch Geschrei oder hektische Bewegungen. Ihr solltet dafür sorgen, dass der Bär merkt, dass ihr nicht bedrohlich seid, ihn nicht vertreiben wollt, dass ihr aber auch keine Beute seid.

UND WENN EUCH EIN BÄR ANGREIFT?

Meist dienen die Angriffe von Bären dazu, ihre Stärke zu zeigen. Wenn euch ein Bär angreift, könnt ihr ihn „beruhigen" und zugleich euer Leben retten, indem ihr euch flach auf den Boden legt und totstellt.

SUCHE NACH NAHRUNG

Die meisten Erwachsenen können bis zu drei Wochen ohne Essen überleben, zumindest solange es nicht sehr kalt ist.

Bevor ihr irgendetwas esst, überzeugt euch, dass es ungefährlich ist. Es ist besser, eine Weile Hunger zu haben, als krank zu werden! Wenn ihr wirklich in Schwierigkeiten steckt, habt keine Angst, Insekten zu essen. Das kann zwar eklig sein, aber sie sind nahrhaft. Esst keine Tausenfüßler, grellfarbige Insekten oder solche, die euch beißen oder stechen könnten. Wenn ihr sie nicht genau kennt, lasst auch die Finger von Beeren und Pilzen: Sie könnten giftig sein ...

· Wenn ihr an einem Gewässer seid, versucht Fische zu fangen. Elritzen zum Beispiel kann man ganz essen.

SÜSSWASSER-FISCHE

KATZENWELS

GOLDFISCH

LODDE

FORELLE

BARSCH

HECHT

SPRINGBARSCH

ZANDER

STÖR

· Vermeidet auf alle Fälle Pilze und Beeren, die gelb, weiß oder rot sind.

REINIGT DAS WASSER

Eine einfache Methode, um Wasser zu reinigen: Erhitzt es in einem Topf und **lasst es mindestens drei Minuten lang kochen, um die Bakterien abzutöten.**

Oder ihr lasst Quellwasser in einer Plastikflasche **mindestens sechs Stunden in der Sonne stehen, um lebende Bakterien abzutöten.** Ist das Wasser aber so voller Ablagerungen, dass die Sonne nicht durchkommt, geht das nicht. Wenn ihr Salz habt, gebt eine Prise hinein, dann sinken die Ablagerungen zu Boden.

Wasser aus einem Bach ist meistens trinkbar, da die Bewegung des Wassers die Ablagerungen verringert.

Es ist sehr wichtig, in einer Notsituation eine gute Wasserquelle zu finden. Denn ihr könnt zwar bis zu drei Tagen ohne Wasser überleben, aber ab dem Ende des zweiten Tages verschlechtert sich euer Gesundheitszustand.

45

ÜBERLEBEN
in den
BERGEN

Wie in jeder natürlichen Umgebung muss man auch die Besonderheiten eines Gebirges kennen und verstehen, um keine Fehler zu machen. In den Bergen ändert sich das Wetter innerhalb weniger Stunden. Daher ist es wichtig, eine gute Ausrüstung dabei zu haben und Kleidung zum Wechseln. Unerfahrene und unvorsichtige Personen können leicht in ernsthafte Schwierigkeiten geraten.

Die wichtigsten Gefahren, die euch in den Bergen erwarten:

- LAWINEN
- STEINSCHLÄGE UND ERDRUTSCHE
- FELSSPALTEN
- NEBEL, UNWETTER UND STURM
- GEWITTER
- KÄLTEEINBRÜCHE MIT ERFRIERUNGSGEFAHR
- MORÄNEN, STURZBÄCHE UND WASSERFÄLLE

LAWINEN

Um Lawinen zu vermeiden, müsst ihr erkennen, **auf welcher Art Schnee ihr euch befindet:** Mit einem Skistock könnt ihr überprüfen, ob der Schnee kompakt ist oder in lockeren Lagen liegt.

KOMFAKTER SCHNEE: Der Schnee ist fest und der Skistock oder die Teller sinken nicht ein.

SCHNEE IN LOCKEREN LAGEN: Skistöcke oder Teller sinken ein. In diesem Fall müsst ihr besonders vorsichtig sein. Bereits eine falsche Drehung mit den Skiern kann eine Lawine auslösen.

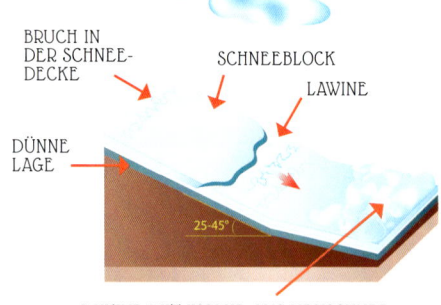

BRUCH IN DER SCHNEE-DECKE

SCHNEEBLOCK

LAWINE

DÜNNE LAGE

25-45°

LAWINE MIT WOLKE AUS NEUSCHNEE

DIE KÄLTE

Das **ERFRIEREN** ist in den Bergen immer eine Gefahr, denn sehr niedrige Temperaturen können zu Erfrierungen führen. Daher ist es wichtig, auf eure Glieder zu achten: auf Hände, Füße und das Gesicht. **Achtet vor allem auf die Farbe: Erfrierende Haut wechselt von Rot zu Schwarz (Wundbrand).**

UNTERKÜHLUNG liegt vor, wenn eure Körpertemperatur unter 35 °C sinkt. Von Unterkühlung oder Hypothermie spricht man bei einer Körpertemperatur unter 28 °C. Eine Abkühlung des Körpers auf unter 24 °C ist tödlich.

ERFRIERUNGEN des **GEWEBES** beginnen bei Temperaturen unter 4 °C. Die Wirkung der Kälte betrifft sofort Nase, Ohren, Finger und Zehen, da dies die am meisten bedrohten Körperteile sind. Diese müsst ihr also bedecken und warm halten.

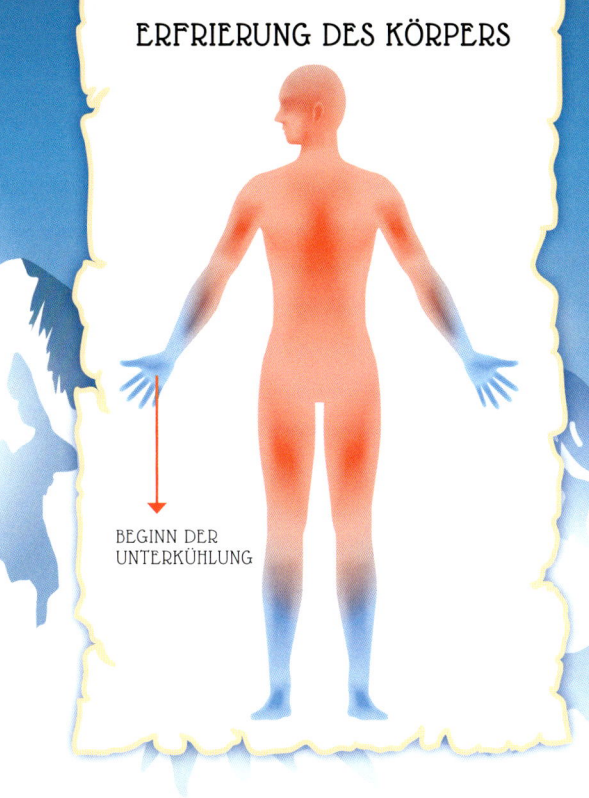

ERFRIERUNG DES KÖRPERS

BEGINN DER UNTERKÜHLUNG

Seid besonders vorsichtig beim „**AUFTAUEN**". Das sollte allmählich erfolgen, um ernsthafte Verletzungen durch zu rasche Ausdehnung von Blutgefäßen zu vermeiden. Wenn eure Hände also erfroren oder auch nur sehr kalt sind, haltet sie niemals übers Feuer! Wärmt sie langsam auf, zum Beispiel, indem ihr sie für einige Zeit unter eure Achseln steckt.

WEITER ...

WANDERN

Es ist leichter, auf Schnee zu gehen, vor allem auf besonders weichem Schnee, wenn man Schneeschuhe trägt. Wenn ihr keine habt, könnt ihr sie schnell aus zwei biegsamen grünen Zweigen herstellen. Die Enden bindet ihr zusammen und dann flechtet ihr ein Netz aus Schnüren oder Zweigen hinein.

SCHNEESCHUHE

EINEN UNTERSTAND IN DEN BERGEN BAUEN

Wählt einen sicheren Platz aus, der vor möglichen Gefahren geschützt ist. Sucht einen Platz hinter einem Felsen oder einer Anhöhe, von dem aus ihr einen Weg im Blick habt.

Wenn ihr einen notdürftigen Unterschlupf bauen wollt, hängt vieles davon ab, was ihr findet und was ihr könnt. Je nachdem, wo ihr seid, **gibt es einige Grundregeln, nach denen ihr rasch ein einfaches, aber wirksames Lager bauen könnt.** Ein guter Unterschlupf gestattet euch, besser zu schlafen und Körper und Geist wirklich auszuruhen.

Wenn ihr das Glück habt, einen **natürlichen Unterstand zu finden** (Höhle, Schlucht, vorspringender Fels, unter einem Baum mit dichtem Laub) **oder einen künstlichen** (Berghütte, Mine, verlassenes Auto, Schutzdach oder Ähnliches), benutzt ihn, ohne Zeit damit zu verlieren, einen neuen zu bauen.

Vermeidet einen Unterschlupf bei Geröllhalden, wo die Gefahr von Steinschlägen und Lawinen groß ist. **Baut den Unterschlupf immer an einer gut einsehbaren Stelle** und haltet eines oder mehrere Feuer am Brennen, damit die Rettungsmannschaften euch leichter finden können.

WASSER

Es ist keine gute Idee, Schnee oder Eis zu lutschen, wenn ihr Durst habt: So kühlt euer Körper zu schnell aus. Bringt beides lieber zum Schmelzen und trinkt es dann.

SPIELEN MIT LUFT

Auch wenn ihr es nicht merkt: Ihr seid ständig dem Luftdruck ausgesetzt, der auf euch wie auf jedem anderen Körper lastet, und das in jedem Augenblick.

Diesen Druck spürt ihr nicht, denn die Luft drückt gleich stark von innen und von außen auf euren Körper.

Es ist wichtig, zu bestimmen, was hydrostatischer Druck (Schweredruck) ist: die Kraft, die die Luft auf alle Körper ausübt und die nach oben wirkt.

Manche Körper schweben, weil ihr Gewicht gleich oder geringer ist als der hydrostatische Druck, der auf sie ausgeübt wird.

LOS GEHT'S! ➡

Das WINDRAD

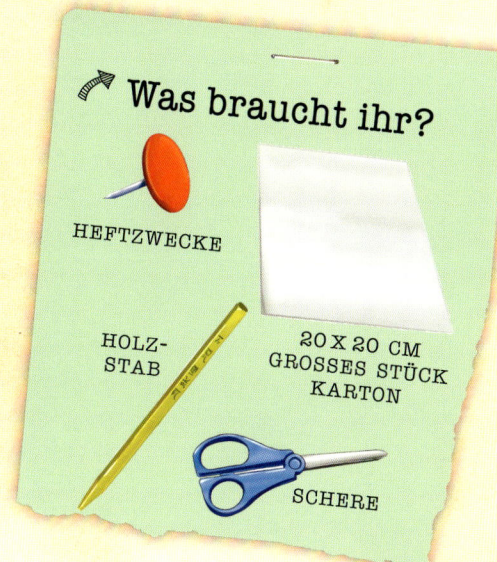

HEFTZWECKE

HOLZ-STAB

20 X 20 CM GROSSES STÜCK KARTON

SCHERE

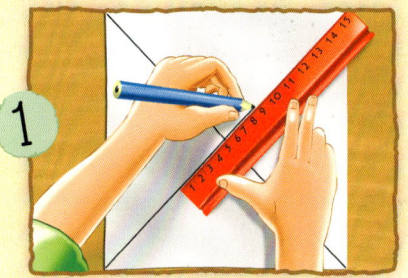

1

Mit Lineal und Bleistift zeichnet ihr diagonale Linien auf den Karton.

2

Schneidet den Karton entlang dieser Diagonalen von den Ecken aus bis fast zur Mitte ein.

3

Markiert nun die Ecken des Kartons, und zwar so, dass ihr abwechselnd eine markierte und eine unmarkierte Ecke bekommt.

4

Faltet die markierten Ecken in die Mitte und befestigt diese zusammen mit der Heftzwecke auf dem Holzstab. Was passiert, wenn ihr euer Windrad anpustet?

Was ist passiert?

Wenn ihr das Windrad anpustet, wird die Luft durch seine Flügel gedrückt und das Rad dreht sich!

Das ÜBERLEBEN in der WÜSTE

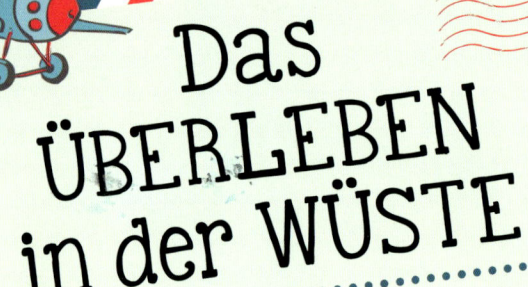

Wenn ihr durch die Wüste reist, scheint die Straße endlos zu sein. Um euch herum gibt es kilometerweit absolut nichts. Nur Wüstenpflanzen, Sand, Hitze und Stille ...

Bevor ihr die Reise startet, sorgt dafür, dass ihr viel Flüssigkeit aufnehmt. **Trinkt viel Wasser, aber keine Softdrinks.** Und nehmt viel Wasser in Reserve mit!

Wenn ihr kein Wasser findet, bohrt ein Loch in einen Kaktus. Er kann mehrere Liter Wasser enthalten.

Nehmt besonders nahrhaftes Essen mit, zum Beispiel Müsliriegel, getrocknetes Fleisch oder Trockenfrüchte. Wenn ihr nämlich kein anderes Transportmittel habt, kommt ihr nur zu Fuß in den nächsten Ort, und dann solltet ihr möglichst kein überflüssiges Gewicht mitschleppen.

Tragt luftdurchlässige Stoffe als unterste Schicht und nehmt auch ein warmes Kleidungsstück (aus Wolle oder Flanell) mit und etwas, was euch vor Wind schützt. Helle Farben sind empfehlenswert, da sie das Licht reflektieren und euch nachts sichtbarer machen. Tragt lange Ärmel, lange Hosen und einen Hut mit breiter Krempe als Schutz vor der Sonne.

In vielen Wüsten gibt es häufig Sandstürme: Nehmt eine Schutzbrille (keine Maske) und einen Mundschutz oder ein Halstuch mit, damit ihr keinen Staub einatmet.

Schützt euch vor der Kälte der Nacht! In der Wüste kann es nachts sehr kalt werden. Nehmt daher einen guten Schlafsack mit.

WEITER ...

HÜTET EUCH VOR NACHTAKTIVEN TIEREN, DIE GEFÄHRLICH WERDEN KÖNNEN.

Einzeln sollten **KOJOTEN** kein Problem sein, falls sie nicht tollwütig sind – ein Rudel von ihnen könnte aber gefährlich werden, wenn sie an eurem Essen interessiert sind. Doch Kojoten fürchten sich meist viel mehr vor euch als ihr euch vor ihnen.

KOJOTE

In manchen Gegenden kann es auch **WÖLFE** geben: Auch ein einzelner hungriger Wolf kann eine ernsthafte Gefahr sein.

WOLF

SKORPION

BRAUNE EINSIEDLERSPINNEN und SKORPIONE
sind viel gefährlicher, als ihre Größe vermuten lässt.

SCHLANGE

Wenn ihr durch Gebiete reist, in denen es **GIFTIGE INSEKTEN** gibt, setzt auf Vorbeugung: tragt zum Beispiel lange Ärmel und lange Hosen und haltet euch von Stellen fern, an denen diese Insekten nisten könnten.

HINWEISE

Versucht euch vor der Reise in die Wüste an hohe Temperaturen zu gewöhnen. Verzichtet auf jede Klimaanlage und lernt, den warmen Wind an heißen Tagen zu schätzen.

Nehmt viel Wasser mit: 2,5 Liter sind das absolute Minimum, aber auch mit dieser Menge kann man nicht ausreichend versorgt sein. Wenn ihr tagsüber schlaft und nachts wandert, könnt ihr in einer Nacht 30 Kilometer schaffen, vorausgesetzt, ihr kennt den Weg. Wenn ihr also wisst, dass der nächste Ort 60 Kilometer entfernt ist, packt mindestens fünf Liter Wasser ein.

Wenn ihr an einem Berg seid, geht an seiner Nordseite entlang, um den Schatten auszunutzen; direktes Sonnenlicht kann zu einem Hitzschlag führen.

Wann immer möglich, wandert nachts mit einer Taschenlampe: In der kühlen Nachtluft kommt ihr schneller vorwärts.

LICHT und DUNKELHEIT, TAG und NACHT

Die Erde dreht sich ständig um sich selbst und in einem Jahr um die Sonne.

Diese beiden Bewegungen unseres Planeten heißen Erdrotation und Erdrevolution.

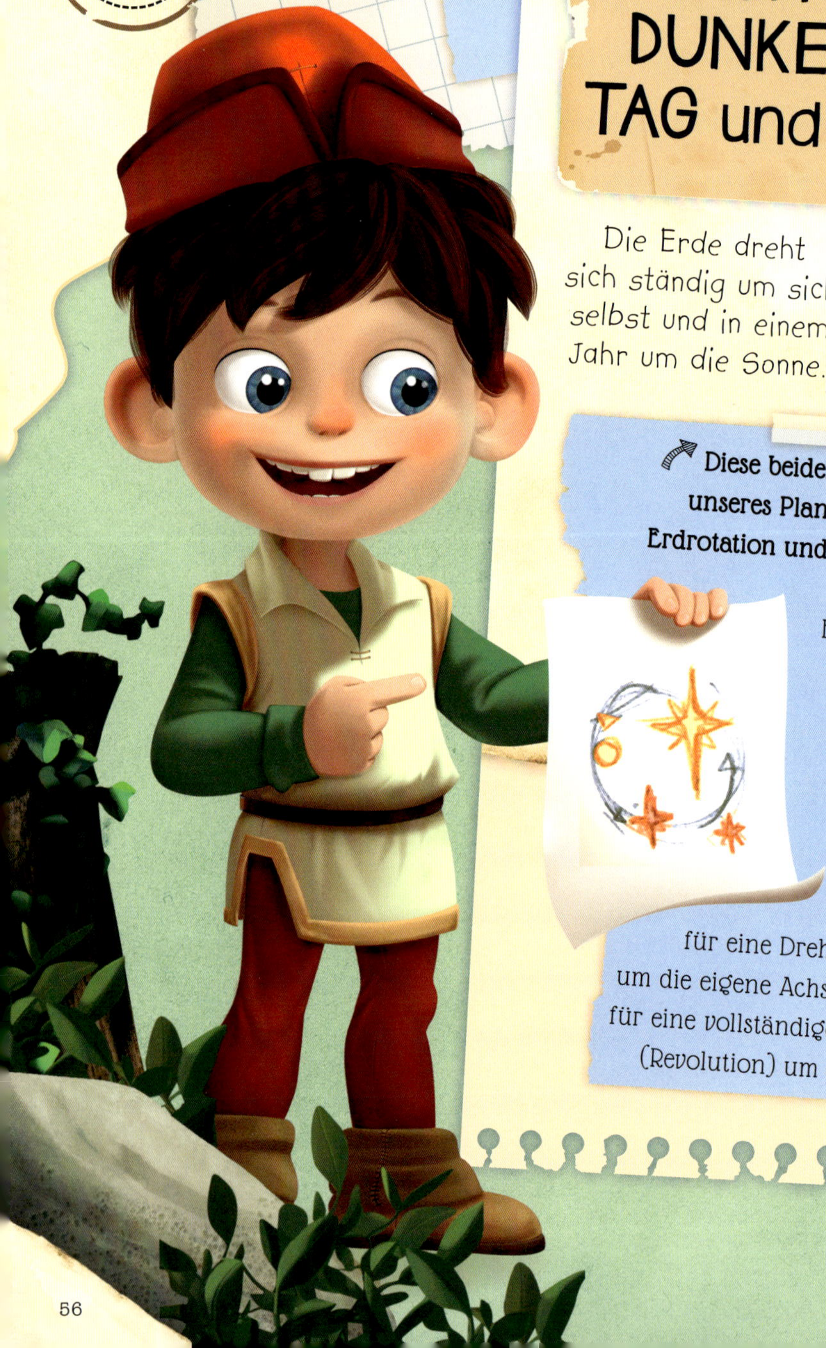

Als Folge dieser Bewegungen haben wir den Wechsel von Tag und Nacht und die Abfolge der Jahreszeiten. Die Erde braucht einen Tag (24 Stunden) für eine Drehung (Rotation) um die eigene Achse und ein Jahr für eine vollständige Umdrehung (Revolution) um die Sonne.

LOS GEHT'S! →

Eine Sonnen-uhr bauen

Was braucht ihr?

SCHERE

SPITZER BLEISTIFT

FESTER KARTON

1

Schneidet den Karton zu einem Kreis; das wird das Ziffernblatt der Sonnenuhr.

2

Steckt den Bleistift durch die Mitte des Kartons und dann lotrecht in den Boden.

3

Zu jeder vollen Stunde markiert ihr auf dem Karton die Position des Schattens.

4

Nun könnt ihr anhand der Sonnenuhr die Zeit ablesen, sofern ihr sie nicht von ihrem Platz entfernt.

Was ist passiert?

Der Schatten des Bleistifts kreist regelmäßig auf dem Ziffernblatt. Dies ist der Beweis, dass die Erde sich mit gleichbleibender Geschwindigkeit um ihre Achse dreht. Die Schatten, die der Stift auf die Erde wirft, sind morgens und abends sehr lang, weil die Sonne dann niedrig am Horizont steht. Zu Mittag dagegen, wenn die Sonne hoch am Himmel steht, sind die Schatten sehr kurz.

TEST: WIE GROSS IST DEINE ABENTEUERLUST?

1 WO GEHT DIE SONNE AUF, WO GEHT SIE UNTER?

A) Sie geht im Süden auf, im Norden unter.
B) Sie geht im Osten auf, im Westen unter.
C) Sie geht im Westen auf, im Osten unter.

2 WO STEHT DER POLARSTERN?

A) Im Süden
B) Im Norden
C) Im Osten

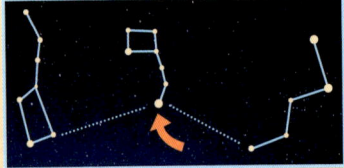

3 WENN DU EINEN BÄREN AUF DICH ZUKOMMEN SIEHST ...

A) ... bewirfst du ihn mit Steinen.
B) ... stehst du ganz still.
C) ... fängst du an zu schreien.

4 AB WELCHER KÖRPERTEMPERATUR SETZT EINE UNTERKÜHLUNG EIN?

A) ab 33 °C
B) ab 35 °C
C) ab 36 °C

5 WIE VIELE STERNE BILDEN DAS STERNBILD DER KASSIOPEIA?

A) Drei Sterne
B) Fünf Sterne
C) Sechs Sterne

6 WIE LANGE MUSS WASSER KOCHEN, UM BAKTERIEN ABZUTÖTEN?

A) Fünf Minuten
B) Drei Minuten
C) Zwei Minuten

VON WELCHEM TIER STAMMT DIESER FUSSABDRUCK?

7

A) Gecko
B) Skunk
C) Tiger

© 20

8 WIE VIELE ZEICHENARTEN GIBT ES BEIM MORSEN?

A) Drei Zeichenarten
B) Fünf Zeichenarten
C) Vier Zeichenarten

9 WELCHEN DIESER KNOTEN GIBT ES NICHT?

A) Schmetterlingsknoten
B) Eichhörnchenknoten
C) Prusik-Knoten

10 WAS IST EIN HERBARIUM?

A) Ein Teller voll Salat
B) Eine Sammlung getrockneter Pflanzen
C) Eine Wiese voller Blumen

Auflösung auf Seite 62

LABYRINTH BEIM CAMPING

Mona Lisa findet ihr Zelt nicht mehr! Helft ihr, den richtigen Weg zu finden, damit sie vor Einbruch der Dunkelheit beim Zelt ist!

start

ABENTEUER-SPIEL

Lösung auf Seite 62

DER RICHTIGE SCHLÜSSEL

Leo braucht den richtigen
Schlüssel für das Verlies, um
seinen Freund Lorenzo zu befreien.
HELFT IHM DABEI!

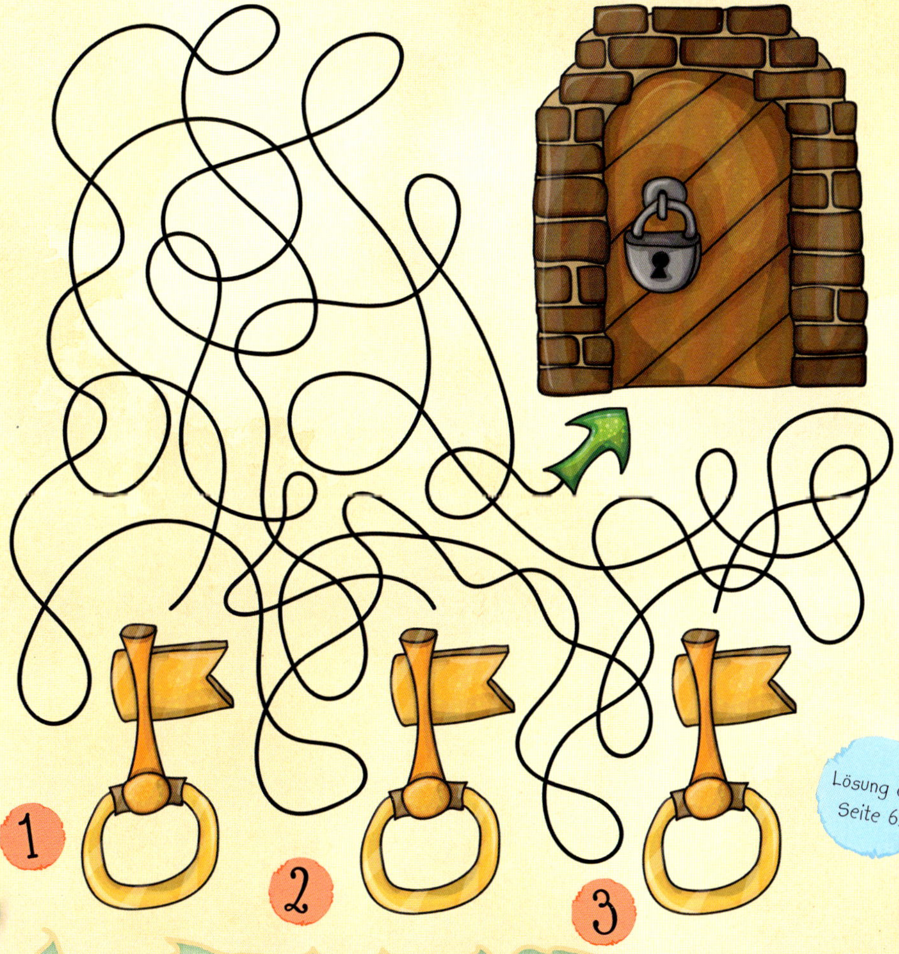

ABENTEUER-
SPIEL

1

2

3

Lösung auf
Seite 62

61

QUIZ-AUFLÖSUNGEN

☑ **TEST:** WIE GROSS IST DEINE ABENTEUERLUST?

ÜBERWIEGEND As: FORSCHERANFÄNGER
Abenteuer setzen viel Lernen, Offenheit und Neugier voraus. Nehmt nichts als gegeben hin ... Ein bisschen mehr Aufmerksamkeit kann euch vor einem bösen Abenteuer bewahren!

ÜBERWIEGEND Bs: FORSCHERMEISTER
Gut gemacht! Ihr habt viel gelernt und seid bereit für eigene Abenteuer. Packt den Rucksack – auch mit viel Lernbereitschaft! Viel Spaß!

ÜBERWIEGEND Cs: FORSCHERLEHRLINGE
Eure Ergebnisse könnten besser sein, wenn ihr euch mehr Mühe geben würdet ... Forscher zu sein, bedeutet vor allem, stets sein Bestes zu geben. Mut und Tatendrang helfen euch dabei!

LABYRINTH BEIM CAMPING

DER RICHTIGE SCHLÜSSEL

1
2
3

Der Schlüssel für das Schloss ist der mit der Nummer 1.